AF441668

عمر التميمي طبيب قلب أطفال، وكاتب ومفكِّر، له مشاركات علمية وتطوعية، وهو عضو في عدة جمعيات علمية وخيرية.

الإهداء

إلى كلِّ مَن قرأ ونقدَ، واستفاد مِن هذا الكتيِّب.

إلى كلِّ أحبَّتي على هذه الأرض.

إلى كل شابٍّ وشابَّة في بداية المشوار في الحياة.

عمر التميمي

وريقات في الحياة

AUSTIN MACAULEY PUBLISHERS™

LONDON • CAMBRIDGE • NEW YORK • SHARJAH

شكر وتقدير

إلى أسرتي وإخوتي وأحبتي؛ ممَّن ساندوني في حياتي: أخي العزيز الكابتن عبد الله.. والذي يسأل عَن كُتُبي ويراجع مؤلَّفاتي.

إلى مجموعة أوستن ماكولي للنشر؛ على جميل عملهم واهتمامهم.

الفهرس

مقدمة

نبدأ الحياة بصفحة بيضاء، ومع مرور الوقت تمتلئ بشخابيط الحياة حتى لا نجد مكانًا لنكتب فيه قصصًا أخرى.

لو كنَّا نظَّمنا أوراقنا حتى نُبقِي مكانًا لآخِر قصصنا وتجاربنا.

وحتَّى أساعدكم بتنظيم أوراقكم، كتبتُ لكم بعض المقالات في هذا الكتاب؛ حتى لا تستهلكوا المكان الأكبر مِن صفحاتكم، فكلُّ مكان يُفقَد لا يمكن تعويضه.

حافظوا على فراغ كافٍ في صفحاتكم يبقَى لكم وتبقون بعيدًا عمَّا يلوِّث حياتكم.

ركِّزوا بما يهمُّكم، ولا تنشغِلوا به فتستنزفوا طاقاتكم وصحَّتكم، فتتغيَّر بوصلتكم إلى مَن يهتمُّ بكم وبإهمالكم.

كلُّ ما في هذا الكتاب يدور عن الصحة في تعريفها الواسع مِن الرُّوح والحياة والعمل والبيئة، والتركيز على بقائها في أحسن الأحوال لتحقيق الطموح والتطلُّعات.

أرجو أن تستمتعوا بقراءة الكتاب، وتطبِّقوا النصائح والإرشادات حتَّى تعيشوا في حياة صحيَّة متوازنة.

الحياة واللاءات الثلاث

لا تقرأ.. لا تسمع.. لا تفكر.. كلُّها طرق لإبعادك عن المعرفة، وأول المشوار في تأجير عقلك.

لن تغيّر أفكارك ومعلوماتك ومواقفك إذا لَم تقرأ أو تسمع أو تشاهد أو تناقِش.

لن يخدعك الجميع، فهناك مَن كتب الحقيقة.. ابحث بجدٍّ، واقرأ ما بين السطور، واسمع وحاوِر.

لا تجعل الآخرين يُملُون عليك فهمك وتفكيرك ومواقفك، أنت مَن سيَندم عندما يعرف الحقيقة، وقد تموت ولَم تعرفها.

لا تكُن مطيَّة للآخرين، فكِّر وتأمَّل واجتهِد، وأنت المسؤول عن نفسك.

أعطِ نفسك وقتًا كافيًا لاتِّخاذ قرارات مصيرية، ومواقف سيادية، وقناعات دائمة.

النِّقاش والشَّباب

النِّقاش مع الشَّباب ومعرفة آرائهم وأفكارهم سيكشف لك أنَّ الكثير منهم يريد اختراع العجلة مِن جديد، لا يقرؤون التاريخ وتجارب الماضي، ولا يسمعون لما يُقال ويُحكَى.

معلومات سطحية، وتحليل مبسَّط، ونظرة التماثل في الأفكار والنتائج والبناء المماثل للغير دون سبر أعماق التجربة، وعمق الخبرة، ووجود الدعائم، وعيون وعقول الحُكماء والمفكِّرين الذين يجلسون خلف الكواليس، ويديرون مقوَد التحكُّم عن بُعد.

ما يبدو لك هو المبنى مِن الخارج والنظام بشكل جميل، أمَّا ما يجري مِن الداخل فهو خارج نطاق خيالك المبسط، سينهار ما تبني وتتبنَّى شكليًّا مع أول عاصفة، وستستغرب كيف صمد الآخرون!

ما تراءى هو شجرة مِن مئات السنين، ولا يمكن أن تنقلها إلى مكانك في نظرة أو قراءة قصيرة، ولا يمكن اختزالها أو تقليدها مهما بذلتَ.

هي خطوات ستمشيها كما مشَوها، أو ستسقط في أول تجربة حقيقية مع امتحانات الحياة.

اقرأ لتتعلَّم، وقِف عن الجدال، واعمل لتصل إلى ما تريد.

التواضع والتكبُّر والثقة
في النفس والضّعة

في نصائح لقمان الحكيم لابنه منهاجها لمن أراد أن يَعلم طرق الحياة المختلفة والنَّهج على الصراط القويم.

لَم يأمره بالتواضع؛ فهي طبيعة البشر، بل نهاه عمَّا يشوبها مِن الكِبر والخُيَلاء والبطر واحتقار الآخرين، ثمَّ غضِّ الصوت؛ فهو الأقرب إلى القلوب والبصائر.

إنَّ تواضُع الإنسان لا يأتي إلا مِن ثقته في نفسه، وإيمانه بربِّه، وحُسن تربيته، وجميل أخلاقه.

كلَّما يتعلَّم الإنسان، ويكتسب التجارب، ويمرُّ بظروف الحياة المختلفة زاد ثقةً بنفسه، وازداد تواضعًا وبساطة.

أمَّا الضّعة فهي تنازل عن مبادئ وأسُس الحياة الكريمة والاحترام المتبادل، والقبول بالأقلِّ مقابل الكثير دون وجود

سبب مقنع للتنازل عن الكرامة والأخلاق، فهناك مَن يقبل في المال أو متاع الدنيا دون حاجة ماسَّة مقابل الكرامة والاحترام، بل يستمرُّ ما أمكن له ذلك، إنَّها تسمَّى بعدَّة مسمَّيات في كل عصر وزمان، بل أحيانًا تُضفَى عليها مسمَّيات لا تدلُّ على الواقع.

التكبُّر هو الصفة المميِّزة للجهل، وبدأت مِن عصيان إبليس لأمر ربِّه، ويستمرُّ إلى قيام الساعة، فلَم أرَ عالمًا متكبِّرًا، ولكن رأيتُ نصف متعلِّم وجُهَّالًا متكبِّرين.

يوقد الكِبر المال والحاشية الفاسدة والمنافقين، والنَّعرات الطائفية والقَبلية.

التكبُّر والديكتاتورية أحد الوسائل لتغطية الضعف الداخلي، أو الانتقام مِن المجتمع، وكلاهما مكمل للآخَر.

الزُّملاء والأصدقاء

الزملاء ملء الأرض، والأصدقاء نادرًا ما يُوجدون.. هي الحقيقة، أينما تذهب تجد زملاء في السفر والعمل وسائر شئون الحياة، وتكون العلاقات مبنية على مصالح مشتركة وتواصل اجتماعي لتحقيق أهداف معيَّنة لعمل أو مصلحة أو مهمَّة، وتنتهي العلاقة بتفرُّق الجمع وانصراف كل واحد في أمور حياته.

الزملاء منهم العاديُّون، والفاسدون، والحاقدون، والمنافقون، والكاذبون، وقليلٌ مِن المحسنين.

لستَ مُلزَمًا أن تحبَّهم أو تثق بهم أكثر مِن حدود العمل المشترك، أو تشاركهم أمورهم الخاصَّة، أو تحلَّ مشكلاتهم خارج حدود العمل، بل تحافظ على مسافة في العلاقة بينك وبينهم مع الحرص والتنبُّه.

لا تكشف كل أوراقك لزملائك، واحتفِظ في بعضها لك مع الأصدقاء، وحافِظ على التوازن الحيوي في كلِّ العلاقات وعمقها وصفاتها.

المنافسة في العمل والترقيات ستجعل مِن بعض الزملاء أعداء، وأسوأ الأعداء مَن يفتقد للمبادئ والأخلاق في خصامه، وتتحكّم به الأنانية والفساد.

أمَّا الأصدقاء فهُم مِنحٌ مِن الله، لا تعرف كيف بدأَتِ الصداقة، وكيف دخل القلب، وكيف اندمج معك، يفرح لفرحك، ويحزن لحزنك، ويدافع عنك حاضرًا أو غائبًا، يُصدِّقك ويَصدُقك، مِرآتك في الحياة، وهو الشخص الذي تحب عتابه ونقده ونصحه وكلَّ شيء منه.

الأصدقاء ليسوا جمعًا، بل هم فُرادَى، صديق أو اثنان بالحياة، ومِن النادر الحصول على أكثر، فإذا كان لدَيك أكثر مِن اثنين فراجِع حياتك وعلاقاتك، وتأكَّد أنَّ العدد صحيح، وعُدَّهم أكثر مِن مرَّة، واعلَم أنَّهم هم الذين تتَّصل عليهم لتُطَمئنهم على نفسك.

السياسة

تعلَّمِ السياسة وأساليبها، ولكن لا تعمل بها، لتَفهمِ الحياة وما يدور فيها، وكيف تسير الأمور، وتقام العلاقات، وتحلِّل الخطابات واللقاءات والنُّظُم والمعاملات، فتعلَّم مبادئ السياسة، واقرأ التاريخ السياسي، واسمع لعلماء التاريخ والناصحين والمحلِّلين.

لا تصدِّق جميع ما تسمعه في عالم السياسة، ولا تكذِّبهم وانتظِر، فمع الوقت ستظهر الحقيقة، وأرض الواقع لا ينمو فيها إلا ما غُرِس فيها.

اللَّباقة، واللسان الحلو، والطِّيبة، وخفَّة النفس، كلها جلباب السياسة، ولكنَّ الواقع في الغالب يختلف بعيدًا عن أعين الإعلام والمراقبين والجُموع.

بحر مِن التضارب، والتناحر، والدسائس، والوشاية، والخداع، والتمثيل، والمثالية المزيَّفة، لا ينجو منها حتى أكبر وأجدر الخبراء والمحترفين.

وتدور الدوائر، ويدور التاريخ، وتتكرَّر الأحداث في أوقات مختلفة يفهمها مَن قرأ التاريخ، ويعبر مِن خلالها مستفيدًا مِن تجربة السابقين، ويسقط بها مَن لَم يقرأ الأحداث، ويحاول اختراع الحلول وإعادة بناء العجلة.

يُزيَّف التاريخ لأجل المصالح والمال والمناصب والخوف على الكرسي، ولكنَّ الحقيقة تظهر مع الزمن، وتُكتَب عندما تدور الكراسي، وتبقى ثابتة لزمن.

للسياسة شِبَاكٌ إذا سقطتَّ فيها فقد تفقدُ حياتك، فكُن حذرًا، وابتعِد قدر الإمكان، وكن متفرِّجًا فاهمًا حاذقًا، لا منافقًا ولا مهلِّلًا، وانتظِر ما تؤول إليه الأمور.

كثيرٌ ممَّا تأتي به الأحداث يكون وجهين لِعُملةٍ واحدة، ويستنتجه الكثيرون بعد بضع سنين، ولكنَّ البُسَطاء يكونون ضحيَّة هذا التغيير، وتضيع آمال وتطلُّعات الباقين؛ لذا تعلَّم السياسة، ولا تَعمل بها.

تَبسَّم

لغة الجسد أكثر صدقًا مِن لغة اللسان.. لا أعرف سرَّ هذه الوضعية مِن الوجه التي تحطِّم الجليد، وتشعل النار، وتنزل المطر، وتعدي الآخَرين، فبمجرد أن تكون عضلات وجهك في تلك الوضعية الجميلة ستُحدِث الكثير فيمن حولك.

نعم.. فالبسمة تُدخِل الفرحة على قلوب المحبِّين، وتلطِّف الجو، وتذلِّل الصِّعاب، وفي الطرف الثاني تجرح الحاقدين والحاسدين والفاسدين، وتزيدهم خذلانًا وخيبة.

للبسمة سرُّ التعامل، ونجاح التخاطب، وتحقيق التوافق، وحب الآخَرين.

عندما تحافظ على ابتسامتك فإنَّك تحافظ على هدوئك، وتحكُّمك بنفسك، وعاطفتك، ولسانك، وقلبك.

إنَّها تطبُّع وطبيعة، فإن لَم تكُن طبيعتك فتطبَّعها.

مديرك الفاسد

عندما تبدأ خطواتك الأولى للبحث عَن وظيفةٍ.. لا تكون مدركاً إلى أين أنتَ ذاهب، وإلام ستصل... تبدأ رحلتك نحو الوظيفة من أول خطوة تخطوها نحو المدرسة، وأول يوم لك فيها، ثم تصبح جاهزًا بعد سنوات من الدراسة، وذلك عند التخرُّج... لا تعرف ما تخبئه الأقدار، ولكن إذا وجدتَّ وظيفة قد يكون مديرك فيها قائدًا، أو ربما فاسدًا؛ يعيش خائفًا على كرسيِّه ولقمة عيشه، ولَم يعمل لأجل الوطن والمواطِن، الكثير منهم يتكلَّمون عن بطولاتهم القرطاسية والتي لَم يسمع بها أو يراها غيرهم، بل لا يكفُّون عن انتقاد المنتجين والمبدعين والمجتهدين، ويتعقَّبون كل شيء، ما يقولون أو يكتبون أو يعملون.

لَم يسرقوا المال، ولكن سرقوا الوقت والجهد والتطوُّر، عقولٌ لا تعرف إلا تحطيم الآخرين وتدمير التطوُّر والتميُّز بحجج واهية وأعذار مصطَنعة، ليس لديهم القدرة على قيادة المنظومة

إلى الأمام، وتحقيق الطموحات والتميُّز والمراكز المتقدِّمة يجعلهم محطِّمين لكلِّ مفكِّر ومبدع؛ خوفًا على كراسيهم الدوَّارة، وبدلًا مِن أن يعملوا على تطوير أنفسهم ومراكزهم يتحوَّلون إلى الجلَّاد البريء الذي يجلد بالخفاء، ويحيك المؤامرات والدسائس والتطفيش الممنهَج، والتخلُّص مِن المبدعين، والحفاظ على المطيعين والتابعين.

عندما يدور الكرسي تسمعهم يردِّدون نفس الموال المشترك: "أخيرًا ارتَحنا، وكم حقَّقنا وفعلنا وأنجزنا!" كلُّها كذب وتلفيق واختلاق.

انظر إلى مَن حولك عزيزي القارئ، وابدأ بالعدِّ، كم هم من حولك؟

المطالبات

كثيرًا ما تسمع مِن زملاء العمل بأنَّنا لا نطالب بحقوقنا، وأنَّنا متساهلون مع عملنا وإداراتنا، وأنَّنا مظلومون، وغيرنا مِن الإدارات أو الوزارات أو المؤسسات تمنح موظَّفيها الكثير ممَّا نحن محرومون منه.

ابحث وتقصَّ الحقيقة بنفسك، ولا تصدِّق ما يقال لك، انظر إلى قوانين العمل وعقد عملك والقوانين المنظِّمة لعلاقتك بالعمل قبل أن تخطو أيَّ خطوة في أي اتجاه.

لا تتبنَّ أيَّ مقولة أو فكرة حتى تتأكَّد بنفسك أنَّ الأمور واضحة، والقوانين موجودة، وأنَّ الضرر يستحق العناء، وأنَّ موقفك سيغيِّر الأمور للأحسن دون إلحاق الأذى بكَ وبمَن معك.

لا تصدِّق ولا تصادِقِ المحرِّضين والسلبيِّين الذين يجعلون حياتك تعيسة بمعرفتهم والعمل معهم.

العمل ليس منزلك ولا حياتك مهما قضيتَ مِن الوقت فيه، فاجعل قناعتك أنَّ وجودك مؤقَّت بشكل يومي أو دائم.

ابذل جهدك لأداء عملك، ولكن لا تجعل نفسك مسؤولًا عن النتائج إذا لَم تكن القائد.

لا تعمل عمل القائد إذا لَم تكن أنتَ القائد، أنتَ عليك الجهد والبذل والعطاء، وهم عليهم النتيجة والمسؤولية.

احذر مَن يقف بجانبك ويعمل مِن خلفك بالخفاء، لا تثِق بهذا الخائن مهما أتى بالأعذار، عندما تنكشِف خطة فاعلم أنَّ هناك خيانة.

ضع حدودًا للمطالب ومتى تتوقَّف، وكُن جاهزًا للتوقُّف قبل النهاية وأنت سعيد لأي نتيجة قبل أن تلحق الضرر بك.

ناقِش وطالِب بهدوء، ولا تجعل الوقت ضدَّك، لا تستعجل.. لا تستعجل.. لا تستعجل.

تعلَّم مِن حائك السجَّاد أنَّ الوقت ليس الأهمَّ، وإنَّما العمل الفني والقِيم هي الهدف، واحذر أن تكون كصانع الحصير يعمل بأسرع وقت، ونتائجه فراش حصير لا يتحمَّل أحدًا يقعد عليه طويلًا، ولا فيه مِن الجمال شيء.

اختَر فريقك دومًا، واحذر مِن المتسرعِّين والمفسدين،
وفاوِض وتقبَّل التنازل عن بعض الأشياء وكسب البعض الآخَر،
واجعل مِن كلا الطرفَين فائزًا.

وأخيرًا.. إذا لم تحتَج إلى المطالبة فهذا الخيار الأفضل.

الاجتماعات

في العمل اجتماعات بأشكال وأهداف مختلفة وعلى مستويات متفاوتة، وتهدف بالإدارة السليمة إلى رفع مستوى وتيرة العمل، ووضع حلول للمشكلات والمعوّقات، وإطْلاع العاملين على المستجدَّات، ومشاركة الجميع في الآراء والتصورات، وإحياء وتنشيط روح العمل الجماعي، وشكر الجميع على الجهود، والالتزام بالخطط والبرامج الموضوعة للنجاح والتطور.

لكن ما تقابِل في مكان العمل ليس بالضروري هو السليم والمطلوب، فقد تُدعَى إلى اجتماع لا يَحمِل منه اسمه إلا اللَّمَّة واستيفاء النِّصاب القانوني إن وُجِدَ الاجتماع.

فعلى سبيل المثال، اجتماع طارئ، وهذا لحلّ مشكلة طارئة، وبعد الحضور يكون اجتماع توبيخ واعتداء على العاملين، وتقليل مِن جهودهم وأدائهم، وتهديد بفصلهم أو عقابهم.

هناك اجتماع بدون جدول أعمال (أجندة)، وهذا إمَّا لإيصال رسالة، أو تفادي نقاش، أو لإرضاء مدير، وهذا عادةً ما يكون مِن مديرين لا يعرفون أي شيء عن القيادة والإدارة، ويسعَون للبقاء لأكثر وقت ممكن!

هناك اجتماع بجدول أعمال مكرَّر، أو اجتماع روتيني، وهذا لا يفرق عن السابق إلا إنَّ الكلام سيكون مكرَّرًا وبدون أهداف.

هناك اجتماع شبه ديمقراطي، فيكون هناك جدول أعمال مُعَدٌّ مِن المدير، ولوبي جاهز للتصويت على مرئياته، والتصويت ضدّ أي رأي آخَر، وهذا عادةً ما يستعمله المديرون القُدامى والذين أسَّسوا قاعدة قوية مِن الموظفين التابعين لهم والذين يصوِّتون لهم، بل ويحاجُّون بِاسمهم.

ستكون هذه الأمور في كل الاجتماعات، فإن كان الاجتماع هادفًا وسليمًا فتَقَدَّم برأيك بكل هدوء، وخُذ الوقت المناسب في الطرح والتعليق، أمَّا الاجتماعات الأخرى فإن استطعتَ فالهروب منها غنيمة، وإلا فالتزِم الهدوء والصمت، واخرج منها، ولا تعوِّل عليها بشيء.

المنزل والأسرة

اجعل منزلك مِن جِنان الدنيا بالوُدِّ والمحبَّة والاحترام المتبادَل، واحذر أن تصبر على ما يؤلمك داخله، تخلَّص مِن الأوجاع بأسرع وقت، وعاشِر مَن يهمُّه همُّك، ويألَم لوجعك، ويسرُّ لوجودك في حياته، عيشته القناعة، وسروره وجودك، وطلباته ميسرة، يراعي ظروفك، وينظر لك ولا يهمُّه الآخرون.

لا تقارن حياتك بالآخرين؛ فأنتَ لا تعلم أسرارهم وخفاياهم، فقد تكون جحيمًا لا يطاق أو بردًا وسلامًا.

لا تشكُ همومك لمن لا يهتمُّ لك، ولا تثقل قلبه في هموم عابرة وكلمات طائرة، فكِّر مليًّا، وتكلَّم قليلًا، واحذر أن تجرح مَن حواليك بكلمة أو عمل.

اجعل ما يحدث داخل منزلك ومع أسرتك مِن أهمِّ أسرارك، ولا تبُح به، واجعل الحمد والثناء مرطبًا للسانك ودواءً لهمومك، لا يوجد بيت ولا أسرة مِن دون خلاف في وجهات النظر أو

التفكير أو الطموح، ولكنَّ الناجحين مَن يصِلون إلى نقطة بين كل هذه، ويحافظون على سلامة الحياة، وصحة الأبدان، والاتِّفاق على التعايش الوَدِّي.

لا تدمِّر صِحَّتك تحت أي عذر أو تعليل؛ فليس هناك ما يستحقُّ هذا، فحياتك تفنَى، ويبقى غيرك متمتِّعًا غيرَ آبِهٍ بما يحدث أو حدث لك، فالتضحيات غير المدروسة ضربٌ مِن الهبل والخبال، ولا يوجد ما يستحق التضحية الكاملة.

الوالدان هما الشمس والقمر في المنزل، وإذا فقدتَ أحدهما أظلمَ ليلك أو نهارك.

حبَّ نفسك وحِبَّ الآخَرين، وساعِد بما تقدر عليه، ولا تحمِّل نفسك ما لا تطيق، فالكون له قوانين، والحياة مقدَّرة، والكلُّ له ربٌّ.

خطِّط لأسرتك، وابدأ حياتك، واجعل التوازن في كل وقت، ولا تهمل، ولا تحزن، ولا تهتمَّ بكلِّ صغيرة.

اخلع نظارتك عند دخول البيت؛ حتَّى لا ترى كلَّ شيء فتغضب أو تتضايق، واجعل حياتهم سرورًا بوجودك.

لا تحمِل الكثير مِن همومك خارج المنزل إلى داخل المنزل، فتخرب المنزل وحياتك.

وأخيرًا.. اجعل حدودًا للآخَرين لا يتعدَّونها في حياتك وأسرتك

ومنزلك.

وأخيرًا.. اجعل حدودًا للآخَرين لا يتعدَّونها في حياتك وأسرتك

قوة العمل والإدارة

فنون الإدارة ومجالات الإبداع والتميُّز لا حدود لها، وأن توفَّق بقيادي مبدِع فأنتَ محظوظ، لكن ليس هذا ما يحدث دائمًا، فالكثير يعيش في وادٍ والإبداع في وادٍ آخَر.

لن تكون مبدعًا، ولن تقدِر أن تتحرَّك للأمام إذا كانت القيادة في قسمك أو إدارتك أو المنشأة فاشلة، وليس لها طريق إلى النمو والازدهار.

إذا وجدتَ الإدارة تمجِّد أعمالًا عاديَّة، وتصفِّق لمن يسمع الكلام، وتكتب عن إنجازات لأول مرة، فاعرَف أنَّك في وحل إدارة فاسدة.

الإدارة الناجحة تكون مليئة بالخطط والخطوات، ولا تعتبِر ما تعمله إنجازًا، وإنَّما هو نموٌّ طبيعيٌّ يتوافق مع العصر والتطلُّعات والمسؤوليات المنوطة بها.

لا تستغرب أن تقرأ عن وصول جهاز جديد، أو برنامج جديد، أو إنجاز عمل لأول مرة في هذه المنشأة، ويُعتبَر إنجازًا، ويُدعَى كبار المسئولين للحضور، وعندما تقرأ عنه تجد أنَّه موجود مِن عشرات السنين، لكنَّ الإدارة الفاشلة والتي لا تتكلَّف عناء البحث والقراءة، وتبحث فقط عن عمل أو حدَث يطيل بقاءَها في الكرسي، ستجده إنجازًا عالميًا وغير مسبوق.

جهِّز أوراقك وغادِر؛ فهذا مكان فاشل لا يمكن العيش فيه، ناهيك عن محاربتهم للإبداع والإنجاز.

إذا وُفِّقتَ بقيادة ناجحة فلا تتركها ولو كنتَ في وسط الصحراء أو الأدغال، فسوف تبدعون، ويكون لكم تغيير في مسار البشرية وبصمة لا تُنسَى مع الزمن.

القيادة الناجحة هي مهد الإبداع، ونبراس النجاح، وسند التقدُّم، وعدوُّ الجهل والكسل والإهمال.

تبحث القيادة الناجحة عن الأفكار والمفكِّرين، وتبدع في إنجاز تلك الأفكار وتحسينها.

عندما تحضر نِقاش الأفكار فأنتَ في مكان ناجح، فابحث عن الأماكن الناجحة تعِش أوقاتَ عملٍ سعيدة.

اسمع

خلَق الله أذنين ولسانًا واحدًا، ولله فيه حكمة.

اسمع لكل البشر، وأعطِهم فرصة ليتكلَّموا، فالكثير فقط يريد منك أن تسمع.

اسمع لكبار السن ولو كانوا يكرِّرون هذه القصة للمرة المائة، فاسمع كأنَّها أول مرة، واسأل عن أبطال القصة كأنَّك لَم تسمع بهم، ودَعهم يسترسلون في روايتهم، ولا تقاطعهم، فهُم يرتاحون بسرد قصصهم، ويستأنسون بسماعك لهم.

اسمع حتَّى النهاية، وناقِش بالتي هي أحسن، وأعطِ كلَّ ذي حقٍّ حقَّه.

لا تسمَع للوشاة والمنافقين ولو كانوا يمشون معك إلى المسجد.

اسمع ولا تصدِّق ما تسمع، وتوثَّق قبل أن تعمل أي شيء، اسمع للصغير قبل الكبير، وللضعيف قبل القوي، ولعامَّة البشر قبل وجهائهم، وعِدهم بالخير والحقّ.

أعطِ نفسك متَّسَعًا مِن الوقت بعد سماع أي شكوى، وعُد بالعمل حسب ما تقوى، ولا تستعجل حتَّى تتأكَّد.

اسمع.. فلن تخسر شيئًا إلا أن تسمع لكلام غير لائق.

تبسَّم ما لَم يكن الموقف لا يحتمل التبسُّم، ولا تنشغِل بشيء حتَّى ينتهي المتكلِّم، واستأذِن إذا رغبتَ أن تقاطِع.

اسمع ما تحبُّ مِن القول وما لا تحبُّ، وابحث عن الحقيقة والردِّ المناسب ما استطعتَ.

وأخيرًا.. استمع أكثر ممَّا تتكلَّم.

لا تصدِّق ما تسمع

الحياة مزيجٌ مِن الصدق والسياسة، والتفريق بين هاتين الخَصلتين يحتاج إلى الكثير مِن التجارب والوقت.

الكلام هو أهمُّ وسائل التواصل بين أفراد المجتمع منذ بدء البشرية بطرقه المختلفة، المسموع والمكتوب والمبلغ وغيره، غير أنَّ هذا الكلام يحمل عدة احتمالات، فإمَّا صادق، أو كاذب، أو مخلوط، أو مؤوَّل.

لا نعرف كيف نميِّز بين هذه الأشياء بسهولة، ولكن مصدر الكلام، والتصديق بالأفعال، وعلاقتنا بالمصدر، وسابق تجاربنا، وخلفيَّتنا الثقافية والعلمية، وتأثير مَن حولنا كالإعلام والسُّلطات وغيرها، تجعلنا نصدِّق أو لا نصدِّق.

ولكي نتفادى تصديق أو سوء فهم الكلام نحتاج إلى التأنّي والبحث، والبُعد عن المؤثِّرات، والنظر بعين المساواة مع كل خبر أو معلومة أو كلام يصلنا.

لا تجعل ثقتك العمياء في بعض الأحيان في بعض الأشخاص تكون مصدر سوء الفهم أو تصديق الكذب.

عندما تسمعهم يقولون: نحن فخورون بوجودك، أو انضمامك معنا، أو عملك، أو تعاونك معنا، فانتظِر الواقع والأفعال، وابتعِد عن التمجيد والثناء؛ حتى لا تُصدَم بالواقع، فكثير مِن المديرين يعمدون إلى الكلام المبتذَل، والواقع أنَّهم لا يودُّون وجودك معهم في أي وقت، ولكن جُبِلوا على الكذب والنِّفاق.

تذكَّر دائمًا أنَّ الزملاء كثر، والأصدقاء نادرون.

البعض يرى الكذب والتمويه، واللفَّ والدوران، والكلام المعسول والنفاق، أنَّها مِن فنون القيادة.

لا تخدعك الأشكال والمظاهر والهيئات، فنحن مَن أضفينا عليهم التعظيم على أشكالهم وهيئاتهم.

الزمن، والفطنة، والبحث، والتدقيق، والتروِّي، هُم مَن يكشف الحقائق، فلا تستعجل، وانتظِر حتى لا تندم.

وأخيرًا.. الكذب خُلُقٌ سيِّئٌ يكرهه كل البشر، فلا تكُن كاذبًا.

المال

المال والبنون هم زينة الحياة الدنيا.

المال مصدر السعادة ومصدر التعاسة.

بدون المال الكثير مِن مشروعاتك وتطلُّعاتك لن ترى النور.

الفقر والحاجة والعوز مِن أمراض العصر، ومصدرٌ للقلق والتوتُّر.

يسعى الإنسان لسدِّ حاجاته عن طريق المال والتملُّك، ويبقى سعيدًا بما ملكَ وأنجز إلى حدٍّ قد يتحوَّل البحث عن المال والحفاظ عليه ألم وتعاسة وخوف وسهر ومرض.

العمل هو مصدر المال في معظم الأحوال، والتوازن في الدخل والإنفاق هو أسس بقاء المال.

توفير المال الكافي لمستقبل أفضل هو تطلُّع لكلِّ إنسان، ولكنَّ الكثير مَن يجهل الطُّرق السليمة لهذا التوفير.

لا تقرض مالك إلا في أقلِّ الظروف، وكن مستعدًّا لأن تنسى مَن أقرضتَ؛ فالقليل مَن يُعيد القروض.

ابتعِد عن القروض البنكية ذات الفوائد المركبة وطويلة الأمد؛ فهي تجعلك أسير البقاء في مكانك، وتصعِّب عليك اتخاذ قراراتك وحدك، وإذا اضطُررتَ واحتجتَ إلى قرض فلا يتجاوز العام الواحد وتتخلَّص منه، فقُدرتك أو أهليَّتك للقروض لا تعني أنَّك تأخذ قرضًا، واجعل القروض آخِر الحلول لأي مشروع أو مشكلة.

البحث عن المال وجَنيُه مِن الطرق المشروعة ليس عيبًا، بل هدفًا للوجود، ولكن أن تكون عبدًا للمال، وغيرَ مهتمٍّ بمصادره، فهذه كارثة أخلاقية.

وأخيرًا.. اجمع مِن المال ما يكفيك، ودَعِ الآخَرين يجمعون ما يكفيهم.

الدعاية والإعلام

تعمد الدعاية إلى تلميع المنتج بجميع أنواعه، بما فيها البشر والمخلوقات والمصنوعات، وتكون الدعاية المضادة بتضخيم عيوب المنتج وضعفه، والبحث عمَّا يُبعِد الناس عنه.

بكلا النوعين تضخم الأشياء أو تختلق الحجج والصفات بغرض التغرير أو الإقناع للمستهلك.

تعتمد الدعايات على الخلفية الدينية، أو الإثنية، أو العصبية، أو الوطنية، أو غيرها، لخلق ردَّة فعل إيجابية أو سلبية لتحقيق الأهداف، أمَّا الإعلام فيأخذ منحًى غير بعيد مِن الدعاية، ولكن يدَّعِي الاحتراف والحيادية، وهذا نادرًا ما يحدث، فقد لا يزيّف الحقيقة، ولكن يعرضها مِن الزاوية التي يريدك أن تراها.

لا يخلو بعض الإعلام مِن مخلوط الدعاية تحت حجج الدعم المادي وتغطية النفقات، وتكون بشكل دعاية وفقرات

دعاية، أو تقارير إعلامية قد وصل لها دعمٌ معلَن أو غير معلَن مِن جهات مستفيدة.

لا تستغرب إن رأيتَ أو سمعتَ تقريرَين مختلفَين متضادَّين مِن نفس الشخص على فترات مختلفة، فهذا عادةً بتأثير الداعم، ونادرًا بسبب تحوُّل القناعات والأفكار أو المالك.

يدمن البشر سماع الإعلام، حيث يصاغ في معظم الأحيان بواسطة خبراء في علم النفس لاجتذاب أكثر المتابعين والمستمعين والمشاهدين والقارئين.

كما تُغلَّف الأشياء بشكل جذَّاب، فكذلك الإعلام وموادُّه بشكل نفسي وتصويري وصوتي تجذب البشر، وتغيِّر قناعاتهم مع الوقت حتى يصلوا إلى مراحل التصديق المطلق والإدمان.

كلَّما سمعتَ ورأيتَ الإعلام لا تنسَ ألَّا تصدِّق كلَّ ما تسمع أو ترى، وتذكَّر دائمًا أنَّه لا يوجد إعلام حرٌّ، ولكن قريبٌ مِن الحرية والحياد في بعض الأحيان، فابحث عن الحقيقة، وستجدها مع الزمن.

الآخَرون وحقوقهم

عادةً ما تكون القوانين والإجراءات والحقوق والواجبات قد وُضِعَت وسُنَّت في كل مكان ومؤسسة، يعلمها مَن علِمَها، ويجهلها مَن لَم يبحث عنها.

تعتمد مهمَّة الموظَّف المتَّزن على إرشاد السائل إلى الطريق الصواب، غير أنَّ البعض يمشي خطوات للأمام في المسئوليات والمهمَّات، ويتكلَّف بأن يكون الناطق للغير والمحارب مِن أجل الآخرين في مهمَّة لَم تُطلَب منه، ولَم تُوكل إليه تحت شعارات وحجج ليسَت إلا لتبرير ما يعمل.

يُستغَلُّ البعض بحكم علاقته مع الناس وطيبة خلقه وحُسن تصرفاته، ويُطلَب منه مساعدتهم والعمل مِن أجلهم، وكثيرٌ ما يقع هؤلاء الطيِّبون في مشكلات كثيرة بسبب ما يحملون داخلهم مِن حبٍّ ونقاء.

نعم.. إنَّ صاحب الحق مهما كان قويًّا أو ضعيفًا عليه أن يتحرَّك، ويطالب بحقِّه، ومِن ثمَّ تساعده وتدعمه.

أكثر ما يؤلمك إذا كان صاحب الحق الذي وقفتَ مِن أجل حقوقه ومصلحته قد ثار ضدَّك بإيعاز وتحريض ممَّن أخذوا حقوقه، أو تأخَّروا أو أهملوا في أدائها له.

فكِّر جيدًا، ولا تكُن عرضة للأذى بسبب مواقفك التي ستندم على الكثير منها مع الزمن، وتذكَّر أنَّ الحروب الناجحة هي للحصول على الهدوء والسلام.

وأخيرًا.. فكِّر في كل خطوة تقوم بها قبل أن تسير طويلًا في الطُّرق الخطرة والموحشة، وقِف مع مَن سار على الطريق لا مع مَن تقاعس وجلس.

الإنسانية والعمل التطوُّعي

الإنسانية هي حفظ كرامة البشر بما يتوافق مع تكريم الخالق، وعدم تحميلهم ما لا يطيقون، ومدُّ يد العون بقدر المستطاع، وتخفيف أعباء الحياة دون النظر إلى الاختلاف بين البشر في الشكل أو الجنس أو المعتقَد أو الأرض.

الإنسانية لا تقف عند البشر، وتمتدُّ إلى سائر المخلوقات مِن حيوانات ونباتات، بل حتى إلى الطبيعة ومكوِّناتها.

الإنسانية مقياس دقيق للحضارات والتطوُّر البشري على كلِّ المستويات، وفي مقدِّمتها الأخلاق.

معظم قصص العظماء تدور حول إنسانيتهم وتفانيهم في خدمة الإنسانية جمعاء.

العمل التطوُّعي هو كأيّ عمل يقوم به شخص أو مجموعة بدواعٍ إنسانية محسوبة مِن وقت المشترك وماله وجهده، وهي

بخلاف العمل الوظيفي، حيث تكون المبادرة والعمل بدواعٍ مادية ومقابِل مجزٍ لطبيعة العمل.

الأعمال التطوُّعية هي أحد وسائل العمل الإنساني والتي تتباهى بها معظم الحضارات الخالدة، وفي كل مجال مِن مجالات الحياة يوجد مكان للعمل التطوُّعي ومجال للإبداع والتطوير.

المجانية تكون في بعض الأعمال الخيرية والتطوُّعية حسب قدرة مقدِّمي الخدمة أو مقابلًا بسيطًا لسدِّ الاحتياجات الأساسية للمتطوّع والحفاظ على عيشة كريمة.

وأخيرًا.. الأعمال الإنسانية التطوُّعية هي أعمال فريدة لا تقبل أن تُخلَط بأي دوافع غير إنسانية بحتة.

لا قَبل نعم

في عالمِنا العربي أصول وعادات وتقاليد تجعل مِن الاستجابة لطلبات الآخَرين ومدِّ يد العون محور العلاقات وأساس التربية للأولاد والبنات.

تَعلَّمنا نعم، وسَمِّ، وأبشِر، وأُمُر، وتدلَّل، ولَم نعرف كلمة لا، لكنَّ العالم لَم يُصبح عربيًّا، والكون أصبح مفتوحًا، وما يصلح لزمن لَم يعُد يصلح في زمن آخَر.

علَّمونا نعم، وعلَّمونا أنَّهم لا يتسامحون لمن يستغلُّ الطيِّبين وأهل الخير.

مجتمع متكاتف ومتعاضد يدافع بعضه عن بعض، ولا يسمح بالتطاوُل والابتزاز.

لا أحد يطلب منك شيئًا إلا أن يكون محتاجًا لدعمك ومساندتك، وليس هناك مَخرج إلا مِن خلالك، ومِن العيب أن تردَّه خائبًا.

أمَّا في عصر العالمية فكثر المحتالون والمخادعون والمماطلون والكذَّابون، حتى إنَّ أحدَهم يطلب منك ما يملك منه الكثير، ويعرف مَن هو أيسر منك وأقدم منك، وأقرب إليه منك.

نعم.. أصبحَت نعم إحدى طرق الاستغلال النفسي والجسدي والاجتماعي في بعض المجتمعات.

هل الحل لا؟ لا ليسَت حلًّا دائمًا، وإنَّما مؤقَّتًا حتى تعود المجتمعات إلى أصولها وتقاليدها.

وأخيرًا.. فكِّر بلا ألف مرة قَبل أن تفكِّر بنَعم مرة.

المناظرات والتنظير

تعتمد المناظرات على الرأي والرأي الآخر، وعلى خلفيَّة علمية وثقافية عميقة، وسرعة بديهة، وتفكير وتركيز.

كانت الأسس في الاختيار الجماهيري للمرشَّحين والحُكم على الأفكار والثقافة والخطط المعروضة بين طرفَيِ المناظرة.

يُعلَن عن المناظرات بوقت كافٍ ليتمكَّن الحضور مِن القدوم للأماكن والسفر، ويستعدُّ المناظِر بما يحتاج مِن مراجعات واستشارات.

لا زالت هذه إحدى الطرق في عرض المرشَّحين للرئاسة الأمريكية وبعض الدول المتقدمة.

وحتَّى وقت قريب أصبح التنظير للجميع، ولَم يصبح حصريًّا، وحقوق الملكية الفكرية تلاشَت، فتسمع وتقرأ عن شخص عاديّ وعمل عاديّ بأنَّه حديث الساعة، والإنجاز غير المسبوق، والمرة

الأولى والأول على البلاد، ويعلِّق عليه مجموعة مِن المنافقين والمُحَابِيْن والمتملِّقين، الذين تجمعهم مصالح مشتركة.

إنَّ الانتقال مِن المناظرة إلى التنظير هو انحطاط فكري وتنموي في مجتمعات لَم تقدر على مجاراة الواقع وبناء الإنسان السوِيّ، وذهبَت لتصفِّق وتعظِّم كلَّ كذب وخداع.

أخيرًا.. سيذهب الغثاء، ويبقى السيل وما ينفع الأرض.

التغيير

القليل مِن البشر مَن اعتاد التغيير، والكثير يقبل الصعب مقابل التغيير.

التغيير الصحي يكون بالتخطيط والأهداف والتطلُّعات.

التغيير في نفس المكان ليس تغييرًا، بل نموًّا يشارك فيه كل الأحياء، وإنَّما التغيير في المكان والعمل والحياة.

إذا لَم تعتد على التغيير فسيكون عليك صعبًا وخاصةً الخوف مِن المجهول، والقَبُول بالموجود.

إذا أطَلتَ البقاء في مكان فمِنَ الصَّعب التغيير، وستجد عشرات الأعذار الواهية لبقائك.

ستخدع نفسك، وتحاول خداع مَن حولك حتَّى لا يتغيَّروا، وتقنعهم بجمال ما حولك وحولهم، ولو كان جحيمًا لا يُطاق.

لا تغيِّر ما تحبُّ، ولكن اترك ما تكره.

الطموح والتغيير متلازمان، وأي شيء عدا ذلك فهو غير صحيح.

إذا كان طموحك عنان السماء فلن تحقِّقه إذا بقيتَ على الأرض في محلِّك.

قد تخدعك السِّنون، وتمرُّ دون أن تحسَّ، وتخدعك الآمال بالتغيير، ولكن لن يحدث هذا إلَّا فيما ندر.

اجعل التغيير نصب عينيك، واطمح إلى كلِّ جميل، وبادِر بالتحرُّك مع كل فرصة مناسبة، وجهِّز نفسك للتغيير بالعلم والتدريب والصداقة الطيبة.

فكِّر مليًا، واحسب خطواتك، لكن لا تتوقَّف عن التغيير.

المؤسَّسات الناجحة تعتمد على التغيير، والمؤسسات الفاشلة تعتمد على التدوير.

وأخيرًا.. لا تخَف مِن التغيير، وإذا خفتَ فاعلم أنَّك أخطأتَ وتأخَّرتَ في التغيير.

الطريق

كل يوم نسلك طريقًا إلى العمل والمنزل والسوق، ونعود مِن نفس الطريق، أو نغيّر مسارنا، ونعود مِن طريق آخَر.

وأحيانًا نسافر إلى أماكن جديدة، ونعود بذكريات وخبرات جديدة.

حياتنا سفر، وأيامنا تنقضي بين حلٍّ وترحال.

طموحاتنا تركبنا الصعاب، وتهوّن علينا مرارة الأيام حتَّى نصل إلى ما نريد.

خططنا هي الأساس في مسيرتنا، فبدونها نسقط ونتألَّم.

لا مسيرة بدون خطة، ولا نجاح بدون جِدٍّ واجتهاد.

حتَّى لو وصلنا إلى أعلى القمم بدون جهد فليسَت إنجازاتنا، وإنَّما صُدَف الزَّمان التي أوصلَتنا.

العلم والصَّبر والجهد ثلاثي النجاح، بدونهم لن تذهب بعيدًا، وستبقى في آخِر الرَّكب.

طريق الحياة لا يخلو مِن المضايقات كطرقاتنا، ويحتاج إلى الحكمة والخبرة للتعامل معه والخروج سالمين في أحسن الأحوال، وتقليل الخسائر في بعض الأحيان.

كلَّما نمشي في الطريق تتراكم الخبرة، وتقترب الرحلة مِن النهاية، فلنسعَ إلى نهاية سعيدة.

المعارك في حياتنا

يقول الدكتور عبد الرحمن القصيبي في كتاب "حياة في الإدارة" : "ستدرِك في وقتٍ متأخِّر مِن الحياة أنَّ معظم المعارك التي خضتَها لَم تكُن سِوَى أحداث هامشيَّة شغلَتك عن حياتك الحقيقية".

مهما حاولتَ تفادِي المعارك فلن تسلم مِن خوضِها، الأبطال يخوضون المعارك ليهنئوا بالسلام.

تختلف مستويات المعارك التي لا بدَّ أن تخوضها حسب موقعك ووقتك وعمرك.

في شبابك كثيرًا ما تحاول أن تحلَّ المشكلات عن طريق المعارك، وفي كبرك تتغيَّر إستراتيجيَّاتك إلى النِّقاش والتفاوض والدهاء بديلًا عن الحرب.

قد تسمَّى المعارك بأسماء حسب تقبُّل المجتمع وأسس النظام، ففي الغرب تسمَّى منافسة في الغالب، ونادرًا ما تسمَّى حربًا، بل أحيانًا تحريرًا وتمكينًا وعدالة.

أمَّا الشرق الذين لهم تاريخ في الحروب والغزوات فيحاولون مِن أقلِّ الأشياء أن يستعيدوا الماضي، ويسمَّى عندهم الخلاف البسيط حربًا، وإذا زادَت يضيف بهارات اللغة فيقول: شعواء، وطاحنة، ومدمِّرة، ومهلكة، وماحقة، وغيرها مِن البهارات الشرقية.

يفتخر الشرقي بأنَّه خاض حروبًا طاحنة في حياته وعمله، حتى إذا ناظر في مؤتمر أو حوار هاجم خصمه بكلِّ سلاح ليحصل على التمجيد كفارسٍ مغوار.

الحرب والمعارك والجهل في كفَّة، والعلم والحضارة في الكفَّة الأخرى، ولكن قد تحتاج الكفَّة الأولى مؤقَّتًا للحفاظ على الكفَّة الثانية.

الجهل هو فتيل الكفَّة الأول، والعلم هو منبر الكفَّة الثانية.

حاوِل أن تتفادى المعارك ما أمكن، ولا تتردَّد عن خوضها إذا كان لا بدَّ منها.

القنوط واليأس

لا يوجد مخلوق لَم يمرَّ بمرحلة يأس في حياته، والبعض مع طول المدة وتكرار الأحداث يصل إلى مرحلة القنوط.

تلك الشعور القاسي المحبِط والمخلوط بالاكتئاب وقلة الحيلة والضعف يُمرِض الجسم والروح.

يختلف البشر في درجات التحمُّل والصبر حتى يتعايش مع اليأس، ويصاحبه البعض، وينتحر البعض الآخَر.

تمثِّل الحياة البائسة مرحلة مِن مراحل اليأس التي تعيشها الشعوب الفقيرة، بينما الحياة التعيسة هي التي تعيشها الشعوب الغنية.

تنتج الأولى مِن الفاقة وعدم توفُّر الأشياء، وتحدث الثانية مِن الفراغ وعدم الحاجة.

ولو وُضِع الفرح والسرور على الجهة اليمنى مِن الصفر، واليأس والقنوط على الجهة اليسرى، لوجدنا فرحة اليائس أكثر بدرجات مِن فرحة الشخص العادي أو السعيد.

هذا الكمُّ الهائل مِن الدرجات قد يقتل اليائس مِن الفرح.

تغيُّرات الجسم مع اليأس كثيرة ومرضية ومنهكة، وليس هنا مجال لعدِّها.

الأسرة والعمل والأصدقاء والمال الكافي يساعدون على ابتعاد اليأس، والانشغال بالحياة، والتمتُّع بها.

وأخيرًا.. خطِّط لحياتك بحكمة، وحافِظ على التوازن بدون إفراط أو تفريط.

أصدقاء خارج الرادار

عندما تحتاج لأمر ما تبحث في عدد محدود مِن الزملاء، وقليل منهم أصدقاء أو أقرباء، وتجد في بعض الأحيان الطريق مسدودًا إلا مِن الأمل.

ثم تهبُّ ريح جميلة تحمل بشائر الخير، وتتفتَّح أبواب لَم تكُن في الحسبان، ويخرج أصدقاء لَم يكونوا على الساحة، بل كانوا خارج نطاق المتوقَّع، يرحِّبون فرحين بك وبطلبك هابّين لمساعدتك، مستبشرين بقدومك.

تتساءل: ماذا فعلتُ حتى يظهر لي هؤلاء الطيّبون؟ كنتُ أفعل المعروف، وأرمي بالبحر، وكنتُ أحسبه قد ضاع في الدنيا، وإن شاء الله أجدها في الآخرة، لكن نسيتُ أنَّ في البحر أصدافًا داخلها اللؤلؤ تغنيك عن الكثير، ويكفيك منها القليل.

تلك اللآلئ التي لَم تحسب حسابها هم الأصدقاء خارج نطاق الرادار.

وأخيرًا.. افعل المعروف، وارمِ في البحر، فيومًا ستظهر لك أجمل اللآلئ في أصعب الظروف.

النتائج

لا نتائج بلا عمل، النتائج هي حصيلة لسلسلة مِن العمليات البسيطة أو المعقَّدة في حياتنا، والتي نجني ثمارها كنتائج لجهد وكفاح وإصرار، منها الإيجابية ومنها السلبية.

نضع الخطط للأعمال والتفكير، ولا تكتمل بدون النتائج المتوقَّعة أو المأمولة.

تقبّل النتائج بقدر الجهد أو العمل، واقبل العدل في التقييم والمحصلة.

قد تُظلَم في النتائج إذا كان التقييم غير عادل، ولكن لا يقدر أن يخفي الجهد والعمل.

كما قد تُظلَم فقد ترى نتائج خارج المتوقَّع، وهذا لتدخُّل خارجي أضاف عليها، فخرجَت بأكبر مِن حجمها.

اسأل عن أي مكان عمل وعمَّن يقيِّمك قبل أن تبدأ في عمل، وتخسر جهدك واجتهادك.

اعمل حسب ما تريد مِن النتائج.

في ميزان العدالة كلٌّ مسؤول عن نتائج عمله، وكلٌّ ينال أجره بقدر عمله.

أخيرًا.. أنت مسؤول عن اجتهادك وإخلاصك في عملك، والله كفيلك بما يسعدك مِن النتائج.

في الانتظار

حياة الانتظار يحدِّدها تعوُّدنا وتطبُّعنا خلال سنوات عمرنا الطويلة والتي يضاعفها الانتظار أو يقصرها حسب ما ننتظر.

جميلٌ انتظار الطيب، ومُحزنٌ انتظار المجهول، ومخيفٌ انتظار السيئ.

قد ينقضي العمر في الانتظار إذا لَم يجد التوفيق والهمَّة والبحث والجِدَّ.

ما يطيل الانتظار هو القفز على الواقع، وانتظار شبه المستحيل، والقعود بدون عمل أو جهد.

المستحيل لا يتحقَّق، وإذا تحقَّق شيء فهو غير مستحيل.

لا تنتظِر ما لا يمكن أن يكون، ولكن اسعَ إلى تحسين الوضع والتقدُّم بخطوات ثابتة إلى الأمام بكلِّ جِدٍّ وحزم وتفكير.

ابحث عن الأحسن، واجعل كلَّ خطوة تصل إليها هدفًا بذاته، وافرح وابتسِم وشارِك مَن تحب، وواصِل في خطواتك، واجعل الطريق مفتوحًا أمامك.

ابتعِد عن المجازفات؛ فهي عمل بدون تخطيط وليس مبنيًا على علم، وإن نجحت مرة فستخسر مهما حاولتَ.

إذا انتظرتَ شيئًا وتحقَّقَ فافرح به كأنَّه آخِر شيء كنتَ تنتظره وصار، ولا تهتمَّ إلى ما بعده، فتفقد الفرحة ولذَّتها.

انتظِر ما تعرف وقته وما لا تعرف توقيته، وكن فرحًا لا وجلًا ما دام القادم أجمل.

وأخيرًا.. الانتظار يزيد مِن طعم الحدث كما ننتظر على الثمرة لتنضج وتحلو.

اللغة والعباءة

تُلبَس العباءة في المناسبات لتُضفي الوقار والهيبة على الشخص في عصرنا الحاضر، بينما قَبل نصف قرن أو أكثر مضى كانت العباءة تستر الملابس التي تحتها، حيث تكون قديمة أو بالية أو مرقَّعة في عامَّة الناس، ومظهر للثَّراء والجاه للأغنياء.

انتقَل هذا التقليد إلى العمل الإداري، وأصبح جزءًا مِن لباس المسئولين في بعض الدول العربية والإفريقية، ومثلها البدلة بشكلها المدني والعسكري.

وفي عصرنا وجدنا العباءة النفسية غير المرئية التي تُضفي على مَن يشغلون وظائف مدير أو ما فوقه لتمنحهم السُّلطة والهيمنة، هؤلاء هم محور كلامنا، فما علاقة اللغة بهم؟

اللغة هي وسيلة تواصل يجب أن يعرفها الطرفان حتَّى يتمَّ فهم ومعرفة الحوار الدائر بينهم.

هذه اللغة قد تكون عبارة عن خطط، وعلوم إدارية، ومصالح مشتَرَكة، وتطوير، ومنافسة، وقيادة.

أهمِّيَّة معرفة الطرف الآخَر، وقدراته التواصلية، وفهمه، وإدراكه، وأهدافه، مِن أهمِّ نجاح أي اقتراح مِن الموظَّف إلى المدير.

يعاني الكثير مِن الموظَّفين مِن التهميش والإحباط مِن الإدارة، ويتَّهمونها بالتعمُّد والتصلُّف وغيرها مِن التُّهَم.

إنَّ التشخيص الحقيقي للمشكلة هو عدم إدراك الإدارة للغة التواصل، فهُم لا يفهمون مشروعاتكم وقدراتكم أو طُرُق تشغيلها أو إدارتها، فتجد مكانها في الأدراج أو سلَّة المهملات أو التهميش.

ما حدث كمثلِ مَن يرسل (إيميل) إلى شخصٍ آخر لا يعرف الإنترنت، أو لا توجد عنده شبكة.

لا تغضب.. أنت لَم تعَيِّنه في عمله، واصبِر.. فقد تدور الأيام ويُعفَى مِن منصبه.

لا تحزن، وفكِّر جيدًا في بقائك في العمل أو الرحيل المخطَّط.

لا تترُكِ العمل حتَّى تحصل على عمل بديل وتوقِّع العقد أو العرض.

الخاتمة

وفي الختام، هذا الكتيّب بحجمه الصغير حتَّى يسهل على القاري حمله وقراءته في أي وقت ومكان، في الانتظار أو الطيارة أو القطار.

كتبتُ فيه بعضًا مِن تجارب الحياة ما سمعتُ وما شاهدتُ أو جرَّبتُ.

لَم أُطِل بالموضوعات، ولَم أتطرَّق لبعضها، وإن كان كلُّ موضوع عنوانًا لكتاب، ولكن أحببتُ أن يطَّلِع القارئ على عدَّة محطَّات في الحياة بوقت سريع وموجز دون إسهاب أو ملَل.

أتمنَّى أن يعجبك ما قرأتَ، وأن يكون لديك رأيك وتعليقك، وأن يكون بداية لفكرة كتاب مِن تجاربك.